光の みことばが救います

愛は命の原動力

Nakahara Noriko
中原儀子

KKロングセラーズ

まえがき

この世にあって、どのように生きるのか
いのちは誰のもの
人は悲しみ、苦しむ折々に、自らの小さきを、力無きを識り、惑うのです。

縁あって私は、
岡田茂吉師の遺された著書を拝見し、師の願われる神の救い、神在りの思想の根底に、キリスト神学との重なりがあることを識りました。
師の文字の奥に、聖書からの幾つもの福音があることでしょう。
一人の思想家が、宗教を超え、救いという軸を中心に具体的に示唆される神観の一行一行に、深く胸打たれ、涙するものでございます。
師は、幼き、小さきものをこそ高く掲げ、
人は神に謙虚であること、生命は神よりのもの、全て御自身のもの苦しみ、辛さへの神の愛、そのように問われました。
神の救いを生きるこの道において教えが結ばれ、この上ない糧を賜りました。
私の至らない三十余年のボランティアの道に、更に
新たな力と愛をいただけましたこと、この神のお導きに深く感謝申し上げます。

中原儀子

この著の構成においては岡田茂吉師の教えを軸にし、内容について学びを少々詳しく綴りました。
愛のしおりは神の愛について、私の想いを文字にいたしたものでございます。

愛は命の原動力●もくじ

装　幀／こやまたかこ
カバー絵／阿部真由美
本文絵／西丸式人

愛は命の原動力

幸福

いかなる人間といえども幸福を冀《こいねが》わぬ者はあるまい。幸福こそ実に人間最初にして最後の目標であるからである。幸福を獲《え》んがための学問であり修養であり努力であるにかかわらず、満足に摑みうる者は果たして幾人《いくにん》あるであろうか。（中略）

宗教が人間にとっていかに必要であるかはこの点にあるのである。すなわちキリスト教の愛といい仏教の慈悲《じひ》というのも他人を幸福にする利他的《りたてき》観念を植えつけるのが本義である。

（昭和二十三年十二月一日）

✲善因善果、悪因悪果は、太古の昔から言われている真理であり、他の人を幸せにするために努力することが、幸福になるための絶対条件です。

他人の不幸などを考えず、自分だけ幸せになろうとする人が多いのは悲しいことです。人間はだれしも幸せになりたい、幸せに生きたいと思って当然ですが、多くの方が不幸に悩んでおられる。どうして私には幸せが遠いのだろうと考えてしまう。けれど、悩むことはまったくありません。たったひとつのことに気づきさえすれば……。

「まず、他人を幸せにしなければ、自分に幸せは訪れてこない」。

このことに気づけば、あなたも今すぐに幸せを感じて生きられます。

幸せを手に入れるためには、人を愛する精神で生きること。

不幸のもとは、自分だけよければいいという心から発生しているのですから。

自分を愛するように、人を愛することを率先してみると、何かほのかな満たされた喜びを感じることができるはずです。

その喜びこそ幸福の源泉だということを、しっかり心に刻みましょう。

奉仕をいとわず、まめまめしく心身を働かせましょう。苦楽辛酸の経験を通し、いつの日かきっと、何か人のお役に立つことができます。

自分がなぜ苦しみの経験が人より多いのか、重いのかと不満に思ってはいけません。
それは陰で徳を積ませていただいていることです。
苦悩が多いと思われている人は、本当は得をしているのです。
とても幸せなことなのです。

愛のしおり
神との約束

幸福――幸せになり――と、
万民に神の愛を示される。
心の中に一つの雫《しずく》となって
神の優しさが浸み透る。
けれど、この地の何処《いずこ》に
光り輝く天界が……。

目を閉じて、じっと神心を尋ねたら、
我が胸にあることを。
唯一の願いをもって立たれる神は
万民に許した命に神意を秘められた。
それは
神の愛を掲《かか》げた利他の心の成就を、
さらに、さらに、地は清められ、
神意を樹立される。
与えられた使命を全うするよう
自ら神との架け橋に。

私というもの

私は常にいかにしたらみんなが幸福になるかという事を念《おも》っている。（中略）罵詈《ばり》怒号《どごう》のような声を聞いたり、愚痴《ぐち》や泣言《なきごと》を聞かされたりすることがなによりも辛《つら》いのである。（中略）どこまでも平和的、幸福的で執着《しゅうちゃく》を嫌《きら》う。（中略）

「人を幸福にしなければ、自分は幸福になり得ない」と常《つね》に言うのである。

（昭和二十五年一月三十日）

✲真に知恵があり、善を遂行できる人とは、精神《こころ》の学びのできている人です。その根幹には神意が据えられており、大乗精神を識っている人なのです。

信仰とは神に愛されること、神のお気に入られることです。神の愛を思うとき、すべてを神にゆだねるとき、幸せを甘受《かんじゅ》できます。

あまりに神の愛が深いため、大乗の愛に戸惑いを感じ、神を忘れるかもしれません。

智慧のある人とは、大乗の見地に立って、自らの愛の光に神の愛を重ねることのできる人。それが神の存在を識る人です。

神が、一人ひとりを創られました。

ですから、一人ひとり、神に属して神を見つけなければなりません。

神の恵みは人類の上にこよなく注がれています。これに優る愛はなく、これが至上の喜びとなり、人を愛する心が許されます。

ただ、人はいつも何かを悲しみ、辛くて耐えがたい何かを持っています。

遥か遠くの愛の光は見えないけれど、悲しみを背負っているのは、いつも神の側なのです。

愛のしおり

しかるのち神の愛を識る

神の恵み……なんと美しい言葉
新緑も花々も神に愛され、人に感動を与える使命を果す。
まして神の子としての人間が
自らの悲劇をいとわず、
利他愛の使命を胸に掲げる。
神の恵みは人類の上にこよなく注がれ、
これに優る愛はなく、至上の喜びとなり、
心の安らぎが許される。
只、人はいつも何か悲しみ、何か辛く耐えがたく、
遥か遠くの愛の光は揺らぐ。
でも、いつも悲しむ者を背負うのは神の側。

大乗愛

大乗愛《だいじょう》とはなにかというと、これこそ人類愛であり、世界愛であり、神の愛である。（中略）この世界愛が全人類に行き亘《わた》り、一般的思想にならなければならないので、それ以外戦争絶滅の方法はありえないのである。（中略）

もしその宗教が本当のものであるとすれば、世界愛を説かねばならないとともに、それが実行に移されていなくてはならないはずで、それが大乗宗教のあり方である。

（昭和二十七年七月二十三日）

✲現代の難行苦行の一つに戦争があります。

今、世界で起こっている戦争の原因は、狭い考えに固執する小乗愛が原因となっていることが多く、これでは人類から戦争がなくならないでしょう。争いはすべて小乗愛が発端になっているからです。二十一世紀に入ってもなお、世界中で至るところに戦争が起こり、日々多くの人が亡くなります。

現代でもなお宗教の違いによって、さまざまな戦争がつづいているのは非常に悲しいことです。戦争のない世界を築くのは、人類に与えられた最大の試練ですが、この試練を乗り越えるには、世界中の人々の魂の向上を願うしか、てだてはありません。

世界愛を説いて実践するために、国家主義や一人よがりの思想は、国の道をあやまらせるだけ。世界から病気、貧困、闘争をなくして、全人類が愛し合い、融和して世界が一つになったとき、地球に平和が訪れることでしょう。

そのためにも自己愛から利他愛へと移行して、全人類が愛深く変わる以外に方法はないのです。

愛のしおり

神と共に

どこにいても、どこにあっても神と共にある。
「しあわせにおなり」と優しく万人を愛される神は、
いつも傍《かたわら》に。
輝く光の中で、神は示された。
心をひそめてよく見る様に。
けれど、洗霊の御業《みわざ》を通し導かれる愛に、
人は怖れおののいた。
さらに洗霊はつづく……。
身魂に輝きを願われる神は一条の光を射し込む。
それは神の愛であり、永遠のいのち。
洗霊の成される故は、神との出会いのみ。
巨いなる神の愛に満ち溢れる光に感謝を。
永遠《とわ》の光に祝福を。

幸福の秘訣

常に、（中略）他人を幸福にすることで、ただこの一事だけである。（中略）できるだけ善事を行うのである。始終間《しじゅうま》さえあればなにか善《よ》いことをしようと心がけるのである、例《たと》えば人を喜ばせよう、世の中のためになら妻は夫を気持ちよく働かせるようにし、夫は妻を親切にし安心させ喜ばせるようにする。親は子を愛するのは当然だが、叡智《えいち》を働かせて子供の将来を思い、封建的でなく、子供は親に快く心服《こころよしんぷく》し、愉快《ゆかい》に勉強させるようにする。その他日常すべての場合相手に希望を持たせるようにし、上役に対しても下役に対しても愛と親切とを旨《むね》としてできる限り誠を盡《つ》くすのである。

（昭和二十四年十月一日）

＊神のご意志とは、絶対的な愛と慈悲そのもので、これが善の本質です。

善を貫けば、一時は負けて辛い思いをしても、かならず喜びが訪れます。

私たちの社会には善悪が入り乱れ、さまざまな様相を呈しています。悲劇も喜劇も、不幸も幸福も、戦争も平和も、すべてその動機は善か悪です。

善を行う場合、それは愛からであり、慈悲からであり、社会正義からであり、大きくみれば人類愛からでなければなりません。

善を行う人、憐憫の情から止むに止まれず助けようとする人はすべて善人です。

善の道を生きるか、悪の道を生きるか、その選択権はあなた自身にあります。

悪への道は易く、善への道は遠いように思われがちですが、善の道はそれほど困難ではありません。ただ日々、善を行い、それを楽しむだけでいいのです。

悲しい人がいたら、元気づけようと自分から進んで動きます。

意識して善を行い、心から納得して動くとき、自ら救われているはずです。

善を楽しむことが、平穏な心を保つための最良の方法なのです。

愛のしおり

神の御言葉　信仰の支え

神の道を歩むことの嬉しさは
いかに険しく、辛く、耐え難くとも、
いつもそっと差しのべられる神の御手《みて》の愛を
固く信ずるものに許される。
心は幼くして、狭き道を歩むもの。
神は強く、万感の想いをもって光を掲げられる。
早く目覚め、神の御元《みもと》に集うよう、
導かれる。
大乗の愛、即ち神の愛を悟ることは
日に日に降り注がれる光の中で、
より問われる。
罪ある目には見えず、浅はかに

見失うことの無きよう。
かぎりなき命の主
神の愛を信ずるものに

天国予言の具体化

今日《こんにち》聖書を通覧《つうらん》してみるとき最も重要である点は「最後の審判」と「天国は近づけり」と「キリストの再臨《さいりん》」の三つであろう。これを検討するとき右の中最後の審判は神が行うのであり、キリストの再臨は、これは天の時至って表れることで説明の要はないが、ただ天国のみは人間の力で建設するのである。（中略）

時はいまであり、（中略）その具体化はすでに始まっている。

（昭和二十五年三月二十日）

✱世界はいま、混乱、闘争、無秩序、罪悪などのいまわしいことがらに満ちています。

人類が幸福になるよりも、不幸になる条件のほうが多く、地上の天国はますます遠ざかってしまっています。その原因は、真理とは何かを見失っているからなのです。真理とは、自然そのままの姿をいいます。

さらに、人間が空気を呼吸し、食することによって生きることも真理でしょう。

真理は永久不変のもの。このわかり切ったことが、わからなくなってしまっているのが、現代に生きる人類の現状です。そのために、さまざまな苦悩が発生しています。

真理は、事実そのものです。不純不透明のない正しいあり方です。

しかし、だれもが病気にたいする不安、生活への不安、そして、戦争・テロへの脅威のなかにあるのに、進歩的文明社会に生きていると誤解しています。これは偽りの真理であり、今こそ考えなければならないときがきています。

科学万能という考え方は、精神的幸福とはほど遠いのです。

手に触ることのできる形あるものの存在よりも、もっと大切な魂の存在に目を向けて生きることが、より悩まずに、より悲しまずに、明るく過ごせる鍵となるでしょう。

愛のしおり

神への悦び

神の愛　秘めたる心を以て
聖旨を具現することの使命
高い雲間から　ふっと抜け出し眺望すれば
なんと素晴らしい息吹の山花草木
与えられたいのち、どれもみな
神の御手《みて》の中
神が愛を下さるとき
人に映る姿からは御心《みこころ》はむしろ寂しく
わからず、悲しみ
神を遠くする。
御心《みこころ》を解することの難しさ

はやく、はやく、目覚めるよう……。
光は漲《みなぎ》り
輝き生きるとき
　神を称《たた》え、神に栄光を

神に愛される

信仰の妙諦《みょうたい》を一口にいえば「神様から愛される」ことである。「神様のお気に入られる」ことである。（中略）

神様にお気に入られるということは一体どうすればよいか。これが一番肝腎《かんじん》である。まず神様のお気に入られるには神様のお嫌《きら》いなことはやらないことで、その反対に神様のお気に入ることを一生懸命やるようにすることである。（中略）神様のお嫌いなことといえば道に外《はず》れることで、すなわち嘘《うそ》を吐《つ》くこと、他人を苦しめること、社会に迷惑をかけることなどである。（中略）

神様のお気にさえ入れば仕事は面白いように運び、うるさいほど

人が寄って来る。物質は使い切れないほど入って来るというわけで、世の中がとても面白くなるというわけである。（中略）

こういうような幸福者となることこそ初めて信仰というものの価値があるのである。

（昭和二十四年五月二十五日）

✲何もかも思うようにゆかない。健康もおもわしくない。頑張っているのに、なぜなのかしら？　そのような相談を受けることがあります。

ひょっとしたら神のお気に入る生き方をしていないのではと、自分を振り返って考えてみましょう。自分で不幸の種をまいているのではないかしらと。

不幸からの脱出は何より神のお好きなことをし、神がお嫌いなことをしないこと。神がお嫌いなことは、まず、道に外れることです。

つまり、嘘をつくこと、他人を苦しめること、社会に迷惑をかけることなど、いっぱいあります。それから、他人はどうなっても、自分さえよければいいという考えも、神はお嫌いなのです。

不誠実、優しさがない、人を裁く、我執にとらわれるなども、神はお嫌いなのです。

けれど、現在、不幸だからといって、あきらめてはいけません。

人のお役に立つことができる何かを考え、それを今すぐ実行してみましょう。

人を思う心は天国に通じます。不愉快な出来事が起きても、そこには被害者も加害者もないことを、しっかりと胸に刻みましょう。

ただ、あなたが神の愛と感謝に気づけばいいだけなのです。

愛のしおり

神に従うもの

色とりどりの花を見て、
緑のきれいな草木を眺め、
光と雲が織りなす姿から
神の恵みによる素晴らしい
いのちの息づきに愛を思う。
いのちとは……

神に通じる感謝が光となるとき、
この地に生きる高い神の使命を許されてのもの。
もし誰か、悲しく辛い不平の心があるならば、
神の嘆く心に応える為
誰か、誰か、早く神の愛を注ぐための
このいのち
人としての愛を神に重ねられるよう。

人間は想念次第

感謝が感謝を生み、不平が不平をよぶとは正に真理だ。何《なん》となれば感謝の心は神に通じ不平の心は悪魔に通ずるからだ。この理によって常に感謝をしている人は自然幸福者となり常に不平不満や愚痴《ぐち》を言う人は不幸者になるのは事実だ。

（昭和二十四年九月三日）

✲あなたがどんなに苦しんでいても、困難なことに出会っていても、すべてのものに「ありがとう」「うれしい」と感謝しましょう。

苦悩は、生きていく上での試練です。

苦悩に出会って、そのことに感謝するというのは、実はとても難しいのです。

でも試練を乗り越えることによって、あなたには善いことが、もっともっと訪れます。

いつもすべてに感謝している人は、不思議に幸せになるのです。

「嫌だな」「嫌いだな」と思えば、心が苦しくなり、困ることを逆に呼び込みます。

いつも嫌だと思って生きている人は、言動にもそれが現れ、他人をも嫌な気分にさせるでしょう。

不平不満の種をまきながら、幸福の実を得ようとしても、無理なのです。

不平不満の心が感謝より大きくなると、私たちは暗い気持ちになっていきます。

そして摑みどころのない、いらだちや、沈んだ思いが波のように押し寄せてしまうのです。

だからいつも「楽しい」「嬉しい」「ありがとう」という感謝の気持ちを忘れずに、明るく生活しましょう。

感謝の心は光となり、私たちは幸せの方向へと導かれていきます。

喜々として、感謝して毎日を送るだけでいいのです。

現在の自分や与えられた環境に満足し、こうして生かされていることに感謝する心があれば、明るい未来が約束されます。

いかなる状況であれ、今の、ありのままを感謝と受けとめる。それができれば、このいのち、置かれている環境を充分に活かしきる智恵や力が湧いてくるのです。

そのような人こそ、きっと真に幸せな人と呼ばれることでしょう。

愛のしおり

希望の光

心に響く言葉があれば、
きっと一条の光を見出すでしょう。
そして人は救われるのです。

感謝は光となり更に神との繋《つな》がりを深くします。
遠い昔、希《ねが》ったこと。夢としか思えなかった幸《さち》
時はきて、日は昇り、神の光は燦々と照らす。
涙あふれ神を称えるとき。
現世《うつしよ》は明るくなり、歓喜の声が響く。
けれど神の愛なくして何一つ成就するものは無く、
無神のものをよけられる。
高きを仰ぎ見て、
彼方からの崇高な光を今この胸に受けとめるとき。
神に栄光を。

優しさと奥床しさ

およそ現代の人間を観《み》るとき、最も欠除しているものは、優《やさ》しさと奥床《おくゆか》しさであろう。（中略）例《たと》えば自分の信仰がどれほど進み、身魂《みたま》がどのくらい磨《みが》けたかを知るには一つの標準があって、これはさほど難しいことではない。なによりも人と争うことを好まなくなり、優しさが湧《わ》き奥床しさが現れる。こういう心と態度になるこそ磨けたとみてよく、この点最も信仰の価値を見出すのである。そのようになった人にして一般から好愛され、尊敬され無言の宣伝となるのである。

ところが、今日の世の中を見ると、右のような優しさと奥床しさがあまりに欠けている。どこを見ても人に対しアラ探し、憎悪《ぞうお》、咎《とが》めだて等まことに醜《みにく》いことが目につく、特に現代人の奥床《おくゆか》しさなどなさすぎるといっていい。

（昭和二十五年十月二十五日）

＊飛ぶ鳥のように生きる。だれかのための傍《かたわら》にいましょう。だれかが泣いていたら、すぐに飛んでゆき、だれかが病気で苦しんでいたら、飛んでいって痛みを共に。

寂しくて耐え難い人に、「大丈夫。きっと幸せになれます」と神の愛を形に。

人にとっていちばん嬉しいのは、それが許されること。そして、未熟な自分の方に、どれだけ学びがあることでしょう。苦しんでいる人がいるのに、立ち止まっていたら、どんな進歩も生まれてはこないのです。

飛ぶ鳥のように嬉々として飛んでいって、涙を笑顔に変えるのです。笑顔はどんな薬よりも効果的なものであり、神の愛の現れです。

苦しんでいる人を思いやる、その行動を、あなたも実際に自分のものにできたら、何ものにも代えがたい幸せを摑むことができます。

たった一人のために、「どうぞ幸せに」と声をかけるだけ。

そのとき、あなたの魂はきっとエンジェルのように軽やかに飛ぶことができます。

万人に好感を与えることができる人、感じのいい人になるように心がけて生きるということは、自分の利益や満足は後回しにして、人が満足している姿を見て喜ぶこと。
人が喜び、満足する姿をみることが、あなたの心を救います。
人を楽しませ、喜ばせ、それを見て自分も楽しみ、喜ぶ。
そのような人にして初めて、真の優しさや奥床しさが許されるのでしょう。

愛のしおり

神の恵みを知り
心を尽くし
やすらかに……

水晶のように澄みきった清らかな心と、
一点のかげりも無い透明さがあれば、
神と繋《つな》がり易く、この世を平穏に生きられる。
常に心は神の愛に満たされ、

この世の光となる。
この生命《いのち》神命を授かり、
地上に天国樹立の任を遂行する為、
一粒の麦となる。
根を張り、愛の実りとなって、
多くの救いが許されること。
時は今、大きな転換をなさる神の御手《みて》の中。
神の恵みをわが胸に秘め、委《ゆだ》ねきり、
神に誓える信仰に感謝を……。

智慧の光

智慧の中でも神智《しんち》、善智《ぜんち》、叡智《えいち》は最上のものでこれらの智慧を磨《みが》くべく大いに信仰を励むべきである。何《なん》となればこのような智慧は神を認め、正しい誠心《まことごころ》からでなくては湧起《ゆうき》しないからである。故に善智によって行動の規範とし努力すれば、決して失敗はなく真《しん》の幸福を獲得し得られるのである。（中略）

善智《ぜんち》であるほど深く、悪智《あくち》は浅いという事実である。（中略）

永遠の栄《さかえ》を望むとすれば、深い智慧が働かなくてはならない。そうして深い智慧ほど誠の強さから湧《わ》くのであるからどうしても正しい信仰人でなくては駄目という結論になる。

（中略）人間は大いに善智を養い叡智《えいち》が働かなければ何事もうまくゆくはずがないことを知るべきで、それには信仰によるよりほかに方法のないことを知るであろう。

（昭和二十五年一月三十日）

＊人間として、誠《まこと》は最も必要なことですが、誠があっても叡智がなければ、なかなか全てはうまくいきません。

叡智とは、深い愛の、人の智恵であって、正しい誠の心をもつ人の智恵のことです。

叡智は、人間の力ではなく、神の深い愛を許されたとき持すもの。

神の存在を認め、叡智を行動の基準として努力することは、日々の中で大切なことです。

そうなれば、ほんとうの幸福を手にすることができます。

深い叡智を許されるほど、人間的にも強くなれます。

一方、才智や奸智は悪から発生し、犯罪者はこれらの智恵の持ち主です。悪人の智恵は浅く、どんなに巧妙に仕組んでも、いずれ破綻するのが現実です。

「悪盛んなれば天に勝ち、天定まって人に勝つ」という諺があります。

人間は心に曇りがたまると、苦しみによって浄められるのでしょう。

神の存在を知れば、その光が魂に注入されます。

それによって神から素晴らしい智恵を授かるのです。

愛のしおり

神のもとへ

高い空からの輝く光を見ていると、
いつも神を想う。
万人を愛される神が、全てを照らす。
神は地に生きる万民に智慧を授け、
最も高い叡智を磨くよう示された。
けれど、神無くして叡智は許されず、
惑い、恐れる。
　智慧の光……。
神の愛をこの身に感じ、光を掲げる思索の智慧を持すこと、
真摯に神と相対《あい》したとき、
吾が力無く、神に全てを捧げたとき、
智慧の光は輝きを放ち、
救いの道が拓かれる。

誠の有る無し

誠の有る人はなによりも約束を重んじよく守ることである。（中略）約束を守らないということは人を偽《いつわ》ったことになるから一種の罪悪を犯《おか》したことになる。約束の中でも一番軽視しがちなのは時間である。時間の約束をしておきながら守らないことをよく考えてみるがいい。（中略）待っている人の心持ちを察すべきで、その心が湧《わ》かないのは誠がないからである。とすればほかのことはいかに良くても何《なん》にもならないことになる。したがって神の信者たる者は約束の厳守、時間の励行《れいこう》を疎《おろそ》かにしてならない。

（昭和二十五年一月二十八日）

✲人間はだれも浜辺に敷きつめられている砂とおなじようなもの。

地位が高いとか低いとか、そんなものは関係ありません。

数えきれない砂のなかで光を放つひと粒こそ尊いのです。

天上から見たら、人間社会の地位や、栄耀栄華など、とるに足らないもの。

地道《じみち》に努力し、輝いている人にこそ、ほんとうの誠の生き方を見ることができます。

ひと粒の砂でいい、社会的に力がない身であっていいのです。誠のしるしを受けることができるのなら。

誠とは真実であり、誠意です。相手のために誠心誠意尽くそうとする心なのです。

全てこの世のこと、国家も個人もあらゆる問題解決の鍵は、誠の一字ではないでしょうか。

政治の貧困は誠の貧困であり、道義の退廃もまた誠がない為といえるでしょう。

秩序の乱れも、誠のないところに生じます。

ひと粒の真砂の光として輝いている人は、自然、神から用いられ、だれからも愛され、尊敬されることでしょう。

愛のしおり

信ずる力

神の赦《ゆる》しを受けて人は生きてゆくこと。
けれど神を識らぬ者は至難であり、
大いなる峠が来て初めて、悟る。
神の愛は見えず、更に聴こうとはしない。
自分の心の癒しのみ望む。
この世の執着の中で神を忘れ、光を切る。
神自身が成そうとされる前で、
人は道具にすぎず、使われてこそ、
人としての価値があり、輝ける。
人はみな、世に生きて、大いなる使命を委ねられ、
ある時は高く、ある時は低く、心の惑《まど》いの中、
唯、唯、神心をたずね、歩むのみ……。
礎となるために。

常識

信仰に徹すれば徹するほど平々凡々たる普通人のごとくに見えなくてはならない。そうなるのは信仰を咀嚼《そしゃく》し、消化してしまったからである。その人の言動がいかにも常識的であり、万人《ばんにん》に好感を与え、何を信仰しているか判らないくらいにならなければ本当ではない。人に接するや軟《やわら》かき春風に吹かれるごとくで、謙譲に富み親切であり、他人の幸福と社会福祉の増進を冀《こいねが》うようでなくてはならない。

（昭和二十三年九月五日）

✲マザーテレサは、「愛は芽生えるものだ」といわれました。

愛は自分でつくるものだから、自分の痛みや苦しみを横に置いても、先に人を愛することによって、愛は芽生えてくるという意味でしょうか……。

病気が治ったら人を愛せる、お金があったら人を愛せると、自分の尺度に合わせてばかりでは、いつまで経っても何も変わりません。

私はボランティアで困っている方の、僅かばかりのお手伝いをさせていただいております。相談者の方々から「今、悲しいんです。辛いんです」という言葉を耳にしたとき、私はかならずお聞きします。

「そう……。でも、人を許せますか？　人を愛せますか？」と。

本当に難しいことですが、愛されるよりも、愛さなければ、心の中から真実の愛は芽生えず、抱えている苦悩から解放されることはないのです。

また、人を信じることもできないし、まして神を信じることもできないのです。

ほんとうは自分を愛するよりも先に、人を愛することを知れば、不安な気持ちは消え去り、何ごとにも動じない新しい自分に変わることが許されるでしょう。

きっと、渇いていた心が、愛によってうるおい始めることでしょう。
そのとき、真の幸福を実感できるようになるのです。

愛のしおり

魂の覚醒

神の願っていることを識って、
心言行が神に用いられるよう、
一時《いっとき》、そして一会《いちえ》を大切に。
神の常識に吾身を照らす時、
利他愛を中心に物事を思考するか、
常に他のための判断であるかが問われる。
二十一世紀、救いの神を指し示すのは誰……。
この役目を果す者は……。

世に怖るるものは無く、
救いを遮《さえぎ》るものも無く、
高く進めと神は勇まれる。
生きるいのちに示される唯一の糧は、
神の愛を固く信ずる力。
さあ、世の救いのため、
神の常識を掲《かか》げて飛び交うとき。

信仰の醍醐味

信仰の理想とするところは常に安心の境地に在《あ》り、生活を楽しみ、歓喜に浸るというのでなければならない。（中略）

私は常に、どうしても判断がつかぬ難問題に逢着《ほうちゃく》したとき、神様にお任せするということにして、後は時を待つのである。（中略）なにか悪いことがあるとそれを一時は心配するが、きっと良いことの前提に違いないと思い、神様にお委《まか》せしていると、必ず良いことのための悪いことであったことが判《わか》り、心配したのが馬鹿らしくなることさえ往々《おうおう》あるので、実に感謝に堪《た》えないことがある。

（昭和二十三年九月五日）

✲幸運とは、私たちの目に見える外界にあるのではなく、中身にあります。

外界とは目に見える現実の世界であり、中身とは目に見えない心の世界、魂の世界です。

幸運は魂の中、心の中に潜んでいるものなのです。

私たちが身体を動かすとき、身体が動くのではなく魂が動かしているのです。その魂が肉体を動かす結果、現実の世界が動くのですから、魂の運を開くことが幸せへのもっとも近道になります。

昔から罪の重荷といわれているように、悪の行為は魂を曇らせ重くして地獄へと落とします。逆に、善の行為は魂を軽くします。

悪を慎み、罪を作らず、できるだけ善を行いましょう。

それによって魂は軽やかに浮遊できます。

日々、魂を軽くすることこそ、神と結ばれ、それが信仰の醍醐味なのです。

愛のしおり

神に結ばれて……

神の希い
心の平安が許されて、いつも御光《みひかり》が
注がれ、永遠《とわ》の言葉を授かる。

神の悲しみ
心と焦燥と暗き道
不安と利己のみの望み

神の希いと悲しみは、どれもどれも
この地にあるいのちの選択
けれど、共に神のもの
人は中道を歩む難しさのゆえに

正しきを忘れる。

神意を軸に変遷する経綸《けいりん》を
吾ものに
全てを俯瞰《ふかん》する神ありて、
自らを空しくできる。
その時、神の道は拓《ひら》かれる。

怒る勿れ

神様は重要なる使命のある者に対しては種々の身魂磨《みたまみが》きをされ給うので、その方法のなかで怒りを制《おさ》えることが最も大きい試練と思うのである。したがって怒ることの多い人ほど、重大使命を与えられていることを思うべきで、この意味においていかなる怒りにも心を動ずることなく、平然たりうるようになればまず修業の一過程を経《へ》たわけでこれについて面白《おもしろ》い話がある。（中略）

まず諸子《しょし》が怒ろうとする場合、神様が自分を磨いて下さると思うべきで、それが信仰者としての心構えである。

（昭和二十四年一月二十五日）

＊私たちの周辺には、これでもか、これでもかというほど怒る材料がぶつかってきますが、それらの怒りを抑えることが、重要な修行の一つです。

怒る機会が多い人ほど、重大な使命を多く与えられているのです。どんなに怒りたいときでも、心動ずることなく、平常心でいられるよう我が身を保つのは大変なことです。

怒りにとらわれると、頭がぼんやりして、大事なことに集中しようとしても、なかなかできなくなってしまいます。また、怒りを抑えようと、ついお酒におぼれてしまったりなどと、そのために大きな災難をこうむることにもなりかねません。

怒りをコントロールすることは、たやすいことではありませんが、怒りたくなったらすぐに、神が自分を磨くために試練を与えてくださっているのだと、深呼吸してみましょう。不思議に怒りがしずまります。

そして、全ては神の御手の中、神は見ておられることを思えば、心に早く平安を許されましょう。

愛のしおり

幾たびも幾たびも
聴く声に　なぜ　外れたのか……

世を祈る、人を祈ることの愛。
自らが心に聴けば、実は己を守り自身を愛しているのである。
世に「自分を愛せずして、何故人を愛せるか」と。
けれど神は命をそのように使われる。
過酷な情勢の中、
神の前では皆同じ国人《くにびと》と人は思わない。
平和を希う神は、あらゆる事を駆使し人類を洗われる。
けれども心の奥にある自己を捨て去れない。そして争いを生む。
祈るまこと心の和があれば人は神に通うことが許されるはず。
神の道を歩みながら人は変われない。
霊性の向上は自らが成すこと。

植物は生きている

大自然はいかなるものにも魂があることを信じて扱《あつか》えば間違いない。以前ある本で見たことだが、西洋の人で普通十五年で一人前《いちにんまえ》に育つ木を、特に愛の心をもって扱ったところ、半分早く七、八年で同様に育ったという話である。

これと同じことは生け花にもいえる。（中略）活ける場合まず狙《ねら》いをつけておいて、スッと切ってスッと挿《さ》すと実にいい。これも生き物と同様弄《どうようい》じるほど弱るからである。またこの道理は人間にもいえる。子を育てるのに親が気を揉《も》んで、何《なん》やかや世話《せわ》を焼くほど弱いのと同様《どうよう》である。

（昭和二十八年八月五日）

＊大自然のあるがままの姿こそ、真理そのもの。
人間もまた、大自然の生きとし生けるものとおなじ。「育てる」ということは十分な愛情を注ぎながら、時期を辛抱強く待つことです。

わが子が幸せであってほしい。これはすべての親に共通する願いです。

そのためには母親の限りない愛が必要なのですが、残念ながら親の愛を充分に感じていない子どもが意外に多いのが現実です。

どの子どもも、母親に対して「自分をいちばん愛してほしい」と望んでいることを忘れないでほしいのです。

子どもの問題行動の多くは、心の寂しさに起因しています。

もしも、今、子どものことで悩んでいるとしたら、何よりもまず、愛し方が足りなかったことを詫び、わが子に許しを乞いましょう。

一輪の花を見ていると、その色、その姿から漂う神の愛を感じます。

幼き小さきいのちは子どものいのちに似て、どのように生かしてくれるかと問われます。

花々が希っているように、活けられますか？
子どもの眼差しに応えられますか？
愛の手をもって、全てが輝きますことを祈ります。

愛のしおり

争いをさけ
愛とほほえみを

歓びをもって生きる使命に感謝を！
光が神意を明確に伝え、心の中を射抜く時、
人はきっともろく崩れる。
その光が神の愛であることを知らないゆえ。
神無しの人類に気づきと覚りを与えられるものは、

真理の教えであり、
それを覚えることの許される霊性。
かわいい水仙の花を見ていると、
なんと平和、とほほえみをさそう。
優しいその姿から本物を観る。
人は生きることにおいて本物だろうか。
神の道を許される今、
この時に使われる身魂がより愛深くなることを。

新人たれ

人は常《つね》に進歩向上を心がけねばならない。（中略）まずなによりも大自然を見るがいい。大自然においては、一瞬の休みもなく新しく新しくと不断《ふだん》の進歩向上を続けている。（中略）魂の進歩向上でなくてはならない。要するに人格の向上である。この心がけを持って一歩ずつ気長に、自己を積み上げてゆくのである。無論《むろん》焦《あせ》ってはならない。ほんのわずかずつでもいい。長い歳月によれば必ず立派《りっぱ》な人間になる。否《いな》そのように実行せんとする心がけ、それだけでもうすでに立派な人間になっている。そのようにすれば、世間《せけん》からは信用を受け万事巧《うま》くゆき幸福者となることは請《う》け合いである。

（昭和二十五年十月十一日）

✲自分なりの目標達成のため十分に計画し、努力しても、なかなか思うような結果が出ず、なぜこうなるのかと悩んでしまうことがあります。

不運がつづき、「こんなに努力しているのに、何で……」と、投げやりになりそうなとき、ふっと立ち止まって、自分の胸に手を当てて考えてみましょう。

あなたは見えない力によって動かされています。

この力こそ、神のご意志です。

神のご意志に反していれば、どんなに努力しても、努力がから回りします。だから、いつも自分の考えが、神の思っておられることに合致するかどうか、問いかけながら行動いたしましょう。

そして、あせらず一歩ずつ前進することを続けるだけ。

私欲や邪念があれば、神のご意志の伝達が妨害され、一時的に良いように見えても、うまくいかなくなってしまいます。

自省しながら、その目的が善であるか、社会的に役立つものかをチェックしてみてください。チェック機能が働いたとき、たとえ一時的に失敗して苦境に陥ったとしても、不思議な巨きな光の中で必ず導かれ、良いことが許されるでしょう。

人間はだれしも教育、伝統、慣習などの観念が一つの棒のように潜在しており、その棒が邪魔をしています。その棒に惑わされず、瞬間的に感じた印象を大事にし、その実体を把握するようになれば大丈夫なのです。

愛のしおり

祈りつつ

美《うるわ》しい花々が芽吹くとき、
冬から春へ人の心も開かれる。
永い永い時が過ぎ、神の導きは示された。
花も散っては咲くように、人の身魂も甦るとき。
いのちに対し権能を持たれる神は御業《みわざ》を示し、
高い救いの意思を人類に示唆される。

時には嘆かれ、時には叱責し、
そして常に涙を流される。
人は御心《みこころ》に添うているだろうか、
神無しの心に問うものは何……。
僅かずつでも心に愛の種を育み、
神樹が根づくことを。
そして神在りの芽生えが許されることを。

感じの良い人

　およそ感じが良いという言葉ほど、感じの良い響きを与えるものはあるまい。（中略）誰しも感じのいい人に接すると、その人も感じが良くなり、次から次へと拡《ひろ》がってゆくとしたら、心地よい社会ができるのは勿論《もちろん》である。故《ゆえ》に忌《いま》わしい問題、特に争いは減るとともに犯罪も減るから、精神的天国が生まれるわけである。（中略）
　私は何事でも自分の利益や自分の満足は後回しにして、人が満足し喜ぶことにのみ心を置いている。（中略）
　自分だけでなく、人に楽しませ喜ぶのを、自分も楽しみ喜ぶということが一番満足なのである。

（昭和二十九年四月二十一日）

✻幸福への第一歩は、人を幸福にするために努力すること。自分のためということではなく、どなたも幸せになってもらいたいという願いから、祈らせていただく。

泣いている人、辛いという人が、何かとても楽になり、心が救われたというだけで、自分自身が幸せな気持ちに満たされてくるもの。

人を幸福にし、その喜びの姿に出会うこと。

これはだれでも、今すぐでも、できることなのです。

自分が幸せになるためには、ちょっと自分を横におき、いつもどうしたらみなが幸せになるかを考え、人を喜ばせるのが好きになることです。

人を喜ばせ、自分も喜んで感動すると、感性がとても開け、躍動感に満ち、生きることに愛が重なります。

逆に自分の欲求だけを考えて生きていたら……。欲求は際限ないのです。

いずれ自ら苦しみの道を歩むことになります。

ですから、いつも明るく神を称えましょう。

愛のしおり

神への愛のため

爽やかな五月《さつき》の緑輝く光の中で、
生きる喜びに飛翔する。
芽吹きと共に全てが甦るとき。
神、光、愛、
息づくいのちどれもそのもの。
神から許されて目覚める聖なる心。
　目覚める清き心。
これからの地に生きる万民に示唆される一条の光……
神の審判が迫り自己改革のとき。
新芽が生まれるように、
新たないのち許されて神の御手《みて》の中、
唯一神の子としての人たらん。

下座の行

威張りたがる、偉く見せたがる、物識ぶりたがる、自慢したがるというように、たがることはかえって逆効果を来《きた》すものである。

（中略）

神様は慢心を非常に嫌《きら》うようである。謙譲の徳といい、下座の行《げざぎょう》ということは実に貴《とうと》いもので、文化生活において殊《こと》にそうである。（中略）円滑に気持ちよい社会を作ることこそ民主的思想の表れであって、このことは昔もいまもいささかも変わりはないのである。

（昭和二十三年九月五日）

✲昔から「能ある鷹《たか》は爪を隠す」とか、「実るほど頭を下げる稲穂かな」といった格言がありますが、これらは下座の行を表現しています。

謙譲であることが下座の心得。どんな相手に接するときも、やわらかな春風に吹かれるように、いばらず、つつしみぶかくふるまう。完全な人間の存在など望めませんが、それに一歩でも近づこうと修行することが、幸福になるための秘訣です。

神は慢心を非常に嫌い、謙譲の徳をおすすめになられます。

人間は地位、名誉、お金などに縛られるから苦しくなるのでしょう。自分だけが贅沢をして、他人のことにぜんぜん思いをはせることがないと、下座の心得は許されません。

魂が軽い人は、エンジェルのように、明るく、やさしく、さわやかになって、キラキラ輝いてきます。

そうなるとまず、不平、不満、愚痴が口から出なくなることでしょう。

神の目から見て正しいことをしていれば、すべては希望通りに運ぶはずです。

思わしくない出来事が発生したら、自分自身を謙虚に振り返る素晴らしいときを、神が用意されたのです。

愛のしおり

神に正直に

神の御言葉《みことば》を愛と受けとめられますか？
それとも……苦しいですか？
心をひらき、ありのまま。
ひと葉が風に舞うように、
委ねる姿そのままが神の御手《みて》の中。

罪深いとき、神を忘れますか？
そのとき一層の神の御恵《みめぐ》みが光となり、
神の愛の現れがそこに在ること。

自らを、全てを捧げられますか？

神は見ておられ、きっと待ち望んでおられること。
さあ、時がきて、
「幸せにおなり」と手をさしのべておられる。
神とのつながりは永遠のもの。

悲劇を滅する

この世の中において人間が最も厭《いと》うのは悲劇であろう。悲劇を全然なくすることは不可能であるが、ある程度軽減《けいげん》することはあえて難事《なんじ》ではない。（中略）

見えざる力が見ゆるものを動かすその力こそ真《しん》の信仰の本質である。

（昭和二十四年六月十一日）

＊人類は何千年も前から戦争の脅威から逃れようと、最大限の努力を払ってきているのに、未だに戦争が減るよりも、増大しているのが現実なのです。

人類にとって戦争絶滅は最重要課題です。いつになったら、戦争に終止符を打つときがやってくるのでしょうか。

その兆しさえ見えない混沌とした状況のなかに、私たちもまた生きています。

戦争が起こるほんとうの原因は病気かもしれません。

それも肉体的なものでなく、精神の病気です。この病気を排除しなければ、戦争絶滅、平和な世界の実現など望めないのではないでしょうか。

精神が健全であるとき、心は水晶のように澄み、清らかで、一点の陰りもない透明さがあります。

精神が明朗であるとき、日ざしが燦々《さんさん》と入ってきます。

それは神に通じる心です。このような心をもった人類世界が、水晶世界です。

民族愛という言葉を耳にすることがありますが、もしこれが限られた主義主張にこりかたまっていれば、本物ではないでしょう。

人類すべての平和到来を期するためにも個人である一人ひとりが、今こそ目を覚まして水晶のような心を持つことができますように。
二十一世紀に生きる人類は、精神の変革を問われているのです。

愛のしおり

神とのつながり……いま一度

心の中にある悲しみを讃美にかえる信仰。
神の律法から離れ、神を忘れて一人苦しむ。
称えるものを持つことが出来ない。
神が愛するこの地上全ての中に、善があり悪があって、
その立て別けは神との繫がりを拒むか否か。
語る言葉、成す行為をもし神が見ておられることを識れば、
この世の悪は消滅する。

更に、
人間の力の及ばない一つ一つに神への委ね方を識る。
これは信仰であり、この世を生きる最高の価値。
けれど人間界の渦中で結果を求めることに慣れ、
染まっている身魂に神は何を示してこられるか……。
どう洗霊されるのか……。
神の御心《みこころ》に真向かうものが多くの救いに立ち、
愛の盾を持って迫害をよける。
今、教えを宣べ伝える時。

宗教は奇蹟なり

奇蹟《きせき》は神が造るのであって、人間の力では一個の奇蹟も造られ得ないからである。（中略）

奇蹟とは勿論人間業《わざ》では不可能とされたものが可能となり、理論では絶対解釈ができえない事実を眼の前で見せられるとすれば、いかなる疑惑も一遍《いっぺん》に煙散夢消《えんさんむしょう》するのは当然である。

故に標題のごとく「宗教は奇蹟であり奇蹟は宗教であり」と言い得るのである。

（昭和二十四年六月十一日）

✱神によって創造されたもの全ては、等しく何かの慰めによって使われ、愛の心を培う以外の何ものにも使われない。

しかし、神の御心は目に見えないものとして、人は自分が生きる。

自らを空しくしなければ、神との出会いはないのです。

一つの奇蹟も人間の力ではできません。すべて神の力で行われています。

いつか最後のときが近づいたら、たった一人でも人に本当に神の愛を伝えることができて、それを神に感謝できたら、神はこよなくその祈る魂を愛されます。

人は他人のために生きればよいのです。

自分だけよければそれでいいといった心を捨てたとき、生きることの真の意味がわかるのです。

これを奇蹟といいます。

常に自分のいのちが人のため、人の幸せのために息づいているように。

愛のしおり

神の嘆き

「奇蹟とは成し得ぬことを成したとき奇蹟という……」

成し得ぬこと、
　御言葉《みことば》を信ずるものに、
　愛と誠の賛美、
　しのびつつとも耐えること。
これ即ち、神在るを識って出来ること。
人は勝者を望み、偽善となる
けれど神の御手《みて》が注がれるのは、
幼き者として小さきもの。
今この時、真理は人の眼には映らず、
神に深く謙虚であること。

誇ってはならず、
神が行く道を指し示して下さるよう
いつも神の愛と赦しを。
　この胸に、
いづちゆくとも。

我を去れ

　およそ人間生活上、我《が》ほど恐ろしいものはあるまい。霊界の修業は我をとることが第一義とされているにみても知らるるのである。（中略）「我がなくてはならず我があってはならず、我があって我を出さないのがよいのであるぞよ」（中略）「素直が一等であるぞよ」との言葉も、実に至言《しげん》と思った。というのは、今日《こんにち》まで私のいうことを素直に聞いた人はまことに順調に行き失敗はないが、我の強いためなかなかそうはゆかない人もある。そのためよく失敗するのをみるのは、実に辛《つら》いものである。

　右のごとく我を出さないことと、素直にすることと、嘘《うそ》をつかないことがまず信仰の妙諦《みょうたい》である。

（昭和二十五年二月十八日）

✲我執の強い人は、争いが起きやすく、苦情が絶えなくなり、何ごともうまくいかなくなります。それを我で挽回しようとして焦り、ムリにムリを重ねていよいよ苦境に陥り、ふたたび起つことができなくなってしまいます。

どんなに努力しても報われない、思うようにいかない、損をするばかり。

また、骨を折っているのにかかわらず人からよく思われない、信用されない。

このようなことで悲観する人がいますが、かならずどこかに間違いがあります。

自分をよく見つめてみると、かならず心の底にその原因を発見するはず。

我を張りすぎていませんか。

嘘をつくことが多くないですか。

嘘はいちばんいけないのです。

いつも嘘をつく人は、それが習性になり、嘘をついている自覚がなくなります。

神は見ておられて、心配されることでしょう。

だから人に接するときは、できるだけ正直でいようと、心に決めましょう。

嘘で失敗することは非常に多く、正直で失敗することはめったにないでしょう。

努力しても思うような結果を得られないのは、自分に強い我があるからだと悟り、それに気づいて反省しましょう。

まず、我を張らず、嘘をいわず、素直な心で生きるように。

そうすれば、いつしか心に平安が赦されて、楽な自分に驚かされるはずです。

愛のしおり

生きるいのち

夏が来て、秋が来て、そして冬。
花の色も移り変わり、
緑も木も空もみな変わり、そして地球も。
神意を具現するため四季があり、
四季を彩る全てを通して、人の心は神を識る。

人を満たすことのできるのは神のみ。
人は謙虚に見えても神の心を求めてはなく、
判断基準を自分におき、苦しみ葛藤する。
もし神の愛を識れば、
常に我が心を砕いて下さるのは神であり、
気づきを与えて下さることを悟る。
人が他を砕くのではなく、
人は人を生かす使命と識る。
使命を得ている心が目覚めるよう、
神はこよなく万民を愛し、洗ってこられる。

大乗たれ

判《わか》りやすくいえば、何事も大局的見地から観察するのが大乗的観《み》方《かた》である。（中略）

愛にも神の愛と人間の愛とがある。すなわち神の愛は大乗愛であるから、無限に全人類を愛するが、人間愛は小乗愛であるから、自己愛や自分の仲間、自己の民族だけを愛するという限定的であるから結論は悪になる。

（昭和二十六年十一月二十五日）

＊人間の行為には善に根ざしたものも、悪に根ざしたものもあります。これは魂が清らかであるか、濁っているかによるもので、結果としてその人の運命を左右します。
どんな人でも、お腹の中ではいつでも善と悪が闘っています。

それは仏教でいう煩悩を抑えつけようという闘いです。

人間の欲にはきりがありません。お金が欲しい、権力が欲しい、名誉が欲しい、わがましたいといった欲と執着が始終頭をもたげてきます。

良心は、そんなことをしてはいけない、気をつけなければひどい目にあうと抑えつけます。欲を追放し、闘い抜くのが万物の霊長である人間のあるべき姿でしょう。

だからこそ、いつも神の目を意識し、神がどう思われるかを考え、欲に負けない強い力を持つことができますように。

これが幸福に通じる道です。

神の意志とは、絶対的な愛と慈悲そのものであり、善の本質です。

大乗の愛は、神の愛なのです。

愛のしおり

神からの責任

神の御心《みこころ》を拡げる責任は、
この世に生きて皆、公平にある。
神は全てを愛し、使命を与える。
一人ひとりの上に御業《みわざ》が成される時、
崇高な、御胸《みむね》を秘める光が神の愛とは気づかない。
神から委ねられ、
御心《みこころ》が具現されるよう、一つの素晴らしい光が生まれた。
御言葉《みことば》は教えとなり、光は常に注がれる。
心の眼《まなこ》を早く開き、
御言葉《みことば》と御光《みひかり》の中にいることの幸せを
至上の喜びを持って感謝を。

もし吾等が神の使徒ならば、
世人《よびと》を救われる神の証を示すことであり、
もし吾が神の使徒として許されるなら、
いずれの時にも真人として神に用いられるよう、
胸に固く神の愛を信じて生きるのみ。

信仰は信用なり

いかほど立派《りっぱ》な信仰者のつもりで自分は思っていても主観だけでは何《なん》らの意味もない。どうしても客観的にみてのそれでなくては本物ではないのである。そのような信仰者たるにはどうすればいいかということをまず第一に知らねばならない、そうなるには理屈は簡単である。それは人から信用されることである。

（昭和二十四年六月十八日）

＊人に信用されるには、嘘をいわないこと。
そして何よりも神に信用されること。これがもっとも尊いことです。

神から信用されるようになれば、すべてのことがうまくいきます。

そして人の利益を先に考え、自分のことをあとに回すこと。

あの人は親切な人だ、つき合っているといつも気持ちがいいという人は、だれにでも信用され、尊敬されるでしょう。

さらに、正義感は、人間の骨格となるべきものです。

正義感はこの人なら悪いことをしない、何をまかせても安心だという基準で見るのがいちばん正確で、これ以上の価値判断はないといってもいいほどです。

正義感のない人は、たえず邪念におかされ、魂が曇っているために、何が正しいのか見えていません。

魂の世界が存在することを知らないため、気づかないうちに不幸の原因を自ら作ってしまっています。

確固とした正義感をもてば、何ごとにたいしても正邪の判断がすぐつきます。

嘘をつかないこと。正しきを成すこと。
これ全て神に評価される大切なことなのです。
神を信じ仰ぐ者として人格を擁し、自らの陶冶《とうや》を怠らぬようにいたしましょう。

愛のしおり

神を求める

新緑からの木《こ》もれ陽《び》がまばゆい。
全てを創造される神は、
四季ごとに織りなす自然を司り、
緑に、花に、風に、そして人に息吹きを与える。
喜びと希望の光を肌に感じ、
上へ上へと伸びゆく素晴らしい芽生え。

人は輝けるのに一憂する。
優しい日射しに背を向ける。
けれど新しい緑が生まれるように新人として生まれ変わるとき。
人は変わる為に生き、生あることは神を識る為。
神の恵みは限りなく、生きるいのちに愛を重ねる。
世の救いの為、
自らを常に問うことのできる新人を、
神は頼みとする。

運命は自由に作られる

知っておかねばならないことは、世人《せじん》はよく宿命と運命とを同一にしていることである。しかしこれは全然違うのでそれを書いてみるが、宿命とは生まれながらに決ったものであるが、運命の方は人間次第でどうにでもなるもので、この点を知らなくてはならないのである。誰でもそうだが、いくらああしたい、こうなりたいと思っても、なかなか思うようにゆかないのが、前記のごとく人各々《おのおの》の宿命という枠《わく》で決められているからで、それから抜け出ることは無論できないようになっている。したがって人間は自分のもって生まれた宿命の限度をハッキリ知ることが肝腎《かんじん》であるが、実はこれがなか

なか難しいので、むしろ不可能といってもいいくらいである。（中略）

宿命の限度が分かっていないから、無理に押し通そうとするので失敗を大きくするのである。

（昭和二十七年十月二十五日）

✲生きていく途上で、私たちは困難や苦悩のハードルを一つずつ越えていかなければなりません。そのハードルを越えるごとに、気づきが多くなります。人がしていることを、ぼんやり眺めているのではなく、どうしたら自分自身が、そして他の人がハードルを越すことができるか、それに挑戦する毎日であってほしいのです。

人の寂しさに寄り添い、それを共有することができますか。人は寂しいから罪を犯します。寂しいから涙を流し、寂しいから人をとがめます。

たった一人でそこに座っている人を見たら、

「寂しいでしょう、何かしてさしあげましょう」

と気づいて声をかける。これが大きな力になります。

人は寂しさに勝つことがとても難しく、寄り添う人の愛を通して、神の愛を知ります。

寂しい人が悪いのではありません。寂しいままにさせておく周囲が悪いのです。

人間の寂しさ、苦しみ、悲しさ。それを癒してくれるのが、神の愛であり救済です。それを共有することも愛です。

救いを求める小さな声を大切にし、いっしょに考えましょう。

いっしょに考えるだけでいい。それが人の魂に触れ、魂を揺り動かし、いずれ寂しさから解放されるようになるのです。言葉には癒す力があります。

勇気づける言葉の力を信じて発しましょう。

寂しい顔から笑顔が戻ったとき、あなたもまた優しさでいっぱいになり、あなた自身が上へと運ばれたのです。

運命とは利他への愛により、自分で変えることなのです。

愛のしおり

神に従うか
自らに従うか

神の招きに応えられるよう
いつも心を拓き、心の眼《まなこ》を開くこと。
それは心の泉が枯れることなく清らかに流れ、

喜びに湧き出ずるよう、
神の御心《みこころ》を常に想うこと。

塵《ちり》の多い世にあって、
かすかに遠くに光のあることに気づく。
光は常にあり、それは神の愛。
けれど霞《かすみ》のごとく心のかげりと共に
光は揺らぐ。

仰ぎ見る神の御顔《みかお》の優しさは、
罪を許され、和する心に希みを与える。
永く待たれた神心に今、応えるとき。
それは神の御心《みこころ》を常に想うこと。

お任せする

神様にお任せし切って、何事があってもクヨクヨ心配しないことである。（中略）

心配するという想念そのものが、一種の執着《しゅうちゃく》である。つまり心配執着である。ところがこの心配執着なるものが曲者《くせもの》であって何事にも悪影響を与えるものである。（中略）

物事が巧《うま》くゆかない原因には、執着が大部分を占《し》めていることを知らねばならない。

（昭和二十六年十一月二十八日）

✿神に委ね切って、何ごとがあってもクヨクヨ心配しないことです。お任せしてしまえば、不思議なほど楽に生きられます。すべてにたいして執着するのはいけないこと。

二十一世紀に入ってからはとくに、感性や霊性といったスピリチュアルな面が重要視されてきており、それはこの世に愛が存在することを物語っています。

愛はすべてを可能にします。

三つの大切なことをお伝えしましょう。

①魂を浄めること。

②神に感謝すること。

③たがいに愛し合うこと。

困ったこと、悲しいことが起こったら、「神からの白羽の矢が立った。よかった。素晴らしい」と、とっさに考えます。

すぐに「はい、わかりました」と神に感謝して、どなたかのために動かせていただきます。ぐずぐず泣いている暇などありません。

困ったこと、悲しいことが起こったら、神はもっと善いことをしなさいと導いておられるからなのです。

神が悲しむこと、やってほしくないことはしないように。

神が喜ばれることを積極的に行動に移すだけ。

あとは神の御心《みこころ》のままにお任せしましょう。

全て、神の御手《みて》の中なのです。

愛のしおり

神から洗われて

平穏なものと揺らぐもの、
生きるいのちが共に使われる。
けれど、いつも神の愛は

限りなく、弱きものの為、
神との架け橋になるよう
使徒を用いる。
人は悲しみ、惑うとき、
神に委ねる心を忘れ苦しむ
平穏、揺らぎ
ありのまま……。
全て神の御手《みて》の中

行き詰まり

よく行き詰まりという言葉を発するが、これは物の真相を弁《わきま》えないからで、何事も行き詰まりがあるから発展するので、つまり行き詰まりじゃないわけで、ちょうど駈《か》け出しすぎては息が続かないから一休みするのと同じわけでいわば節《ふし》である。（中略）

困ることには人為《じんい》的に、行き詰まらせる人も、少なくないので、これこそ叡智《えいち》が足《た》りないためでこうすればこうなるという先の見通しがつかないからである。

（昭和二十七年十月二十九日）

✱さまざまな問題に突き当った場合、適切な対応策がすぐ見つかるとよいのですが、なかなかそうは行かないものです。

問題によっては、考えても解決策が見えてこないこともあります。

問題は行きつくところまで行かなければ、解決がつかないものです。

昔から「陽極まれば、陰に転じ、陰極まれば、陽に転じる」といわれるように、この逆手法が良い解決の道を拓いてくれます。

強靭《きょうじん》な竹も伸びては節ができ、節があるほど強いのです。

息が続くようにひと休み。つまり、ひと休みは、節で行き詰まったように見える。そのときが力を蓄積しているのです。

自然を見ていると、実に神の意図通りに全てが転回しているのがわかるでしょう。

人為的に自らを苦しめず、気づきを許されて、上へ上へと伸びましょう。

愛のしおり

神よりの招き

この道に生きて重荷を背負うとき、
神の御顔《みかお》を仰いで、心の嘆きをありのまま、

そこに神の愛のあることを。

慈しみ深い愛ゆえに、労《いたわ》り導きつつ、
御手《みて》の中に誘われる。
神の御旨《みむね》を胸に強く、けれどあまりに険しく、崩れるとき、
弱き吾に涙する神の愛を識る。

神は共に在ることを
神は信じていることを
人はみな神の子

いつか、まるで夢のような素晴らしい
生きるいのちだったことを……想う日が。

我と執着

およそ世の中の人を観《み》るとき、誰しも持っている性格に我《が》と執着《しゅうちゃく》心があるが、これは兄弟のようなものである。あらゆる紛糾《ふんきゅう》せる問題を観察する場合、容易に解決しないのはこの我と執着によらぬものはほとんどないことを発見する。（中略）

信仰の主要目的は我と執着心を除《と》ることである。私はこのことを知ってから、できるだけ我執を捨てるべく心がけており、その結果として第一自分の心の苦しみが緩和《かんわ》され、何事も結果が良い。

（昭和二十三年九月五日）

✲私たちの周囲には、絶えず不安や心配があります。

社会の荒波に巻き込まれ、それらから容易に抜け出すことができにくく、自分だけがみんなから取り残され、奈落の底にいるような気持ちになってしまうことがあります。

しかし、よく考えてみると、不安や心配の原因は我執であることが多いのです。

この我執が、すべてに対して悪い影響を与えているのです。かかえている問題へのこだわりが強ければ強いほど、うまくいかなくなります。

もう駄目だとあきらめてしまったころに、ひょっこり解決したり、望んでいる状況が手に入ってくることがあるものです。

もし、手に入らなかったら、そのほうがあなたにとって結果的に正解だったと思えばいいのです。

ですから、まず我執を捨てましょう。

そうすれば、ものごとは信じられないほど容易に好転します。忘れたころに、突如として思い通りになります。

心を軽やかにし、すべて神にお任せすれば、心に平安が許されるのです。

また、出世をしたい、お金が欲しい、ぜいたくがしたいなども、捨てなければいけない我執です。すべて神が見ておられます。

これらへの執着を捨てるだけで、とても軽やかに生きられます。

愛のしおり

幼な子のごとく

高き神の栄光を示す狭き門、神の門。
即ち、狭き門に続く道を神は造られ、導かれる。
命の元に還れるこの狭き門は、人の目に映らず、
かすかに遠く、そして通り過ぎ、見失う。
楽な道を人は選び、広き門から入り易い。
しかし、信じて仰ぐものを吾がものとする時、

悲しみ辛さを神の恵みとし、自ら喜びの門をくぐる。
空を仰ぎ、佇み、神のみ心と御業《みわざ》を想う時、
多くを狭き門に誘いきれるか……惑う。
自ら低く幼く力無き時、神は大きく働かれ、
自らを虚しくした時、きっと神は道を示され、
神との出会いの門に許される。

真の強者

今日口《こんにち》を開けば社会悪を言って嘆《なげ》くが、まったく至るところ悪人が多過ぎるからである。（中略）

悪人の心理をよく解剖《かいぼう》してみると、決して無意識にやるのではない。承知の上でやっているのである。（中略）

悪いと知りながら制えることができないというのは、制えつける力すなわち真《しん》の勇気が足《た》りないからである。この勇気こそ人間の最も尊いものである。

（昭和二十四年十月二十九日）

＊悪いことはいけないと知りながら、人は負けてゆくのです。
悪いと知りながら自らを制えることが出来ないのは真の勇気が足りないのでしょう。

人を見て善悪の判断をすれば、そこには自己愛というものが自然派生していて、どうしても真の力を出すのは難しいのです。

真の強さ、真の勇気というものは常に神を対象とし、自らを忘れている時に許されるものと思います。

愛のしおり

愛の光
感謝の光

神の御心《みこころ》の高さと深さを思う時、
如何に人類は浅薄な生き方をしていることか……。
時は今、

無神の心を的《まと》にして、
矢を射る者は神の使徒。
その鉾先《ほこさき》は愛の光に輝き、
神無しを誇るその身を救う。
洗霊は続く。
神の使徒、
それは神の僕《しもべ》であることを自負し、
一途に救いに向かう。
心で神の声を聴き、じっと黙し、
神が奏でる音色に心が安らぐ。
神に愛されるとは
今を生きるいのちの価値を
最も高き神に捧げられること。

裁く勿れ

人の善悪を云々《うんぬん》するのは、徹頭徹尾《てっとうてつび》神様の地位を冒《おか》すわけで、大いに間違っているから充分慎《つつし》んでもらいたいのである。それは勿論《もちろん》人間の分際として人の善悪などいささかも分かるはずもないからで分かるように思うのはまったく不知不識《しらずしらず》の内《うち》に慢心峠に上っているからである。

（昭和二十八年五月十三日）

*善悪を判断するのは、「神様の地位を冒す」とありますが、ただ黙して神にお任せすることです。

心の中はいつも春風が吹いているようにすることが信仰といえるのでしょう。

人はつい、物事の是非を自分の判断でしてしまいます。

しかし、神は見ておられ、人の善悪よりも、自分の善悪を裁くことをいわれることでしょう。神に委ね、神のお示しになる大乗信仰、即ち神の御心《みこころ》に添った考え方を自らの生き方に重ねられますように。

愛する心が愛を生むように、裁かず、許す心も愛を生み出す知恵なのです。

愛のしおり

神の権利

巨いなる愛がこの地上に注がれて、

和することを教えられる。
心に懐《いだ》く裁きの想いを神は裁かれる。
二十世紀に生きるいのちを問われた人類が
一番忘れてきたのが、この巨いなる神の愛。
祈る対象、行為の対象をじっとご覧になった神は、
人間の変われない魂をきっと嘆かれたに違いない。
時がきて光は愛と重なり、一段と浄められる。
素晴らしいこの道に一つの布石を。
それはいのちの輝き方を黙された神は、
やっと今世紀証された。
神在りを識る人にして初めて
この道にいる価値があることを。

調和の理論

そもそもこの大宇宙の一切はことごとく調和していて、寸毫《すんごう》も不調和はないのである。したがって人間の眼に不調和に見えるのは表面だけのことである。何となれば不調和とは人間が作ったものであって、その原因は反自然の結果である。（中略）人間が天地の律法に遵《したが》いさえすれば万事《ばんじ》調和がとれ順調に進むのである。

（昭和二十七年十月一日）

＊自然界のすべてには陰陽の明暗があり、夜昼の区別があります。
これは人間の世界にもそのままあてはまります。夜の世界は暗く、月が光を隠せば星の光だけとなり、それが曇ると暗黒となります。

暗黒が象徴するのは、闘争であり、飢餓であり、病苦であり、貧困です。

一方、昼の世界は太陽の光が、地上をあまねく照らします。

太陽の照る昼こそ平和、愛、健康などをもたらす光明の世界、調和の世界です。

太陽は玉であり、円満晴朗《えんまんせいろう》、円転滑脱《えんてんかつだつ》です。昼は太陽によって象徴され、罪悪も苦悩もない歓喜の世界。だからこそ、心も体も昼のリズムに合った生き方をすれば、光が訪れて病気や貧困などから解放されるのです。

つまり昼のリズムは調和であり、光が愛となって病苦などの曇りを取り除いてくれるのです。

自然のありように素直に、謙虚に身をまかせて、夜の世界からの脱出をはかりましょう。

それをしっかりと自覚できたとき、光のリズムによって生き方はどんどん変われるでしょう。

そして生きていることへの感謝の気持ちが湧き、自然との調和の中で幸せに生きることができるようになるのです。

愛のしおり

神　全て御自身のもの

虹が現れ、全ての清らかさの中に
甦る、いのちの息吹を
大きな架け橋は神と人との調和の証《あかし》
けれど、世を愛される神は再び戸惑う
「いつ、心　目覚め、信じるものに」
地は洗われ、万人の嘆き悲しむ姿から、

力無き小さきものに、強く生きよと、
さらに重ねて問われる。
「道のため、世のためのみを愛するものに」
今、黙するとき、
深い祈りをもって、我が心に聴く
「いつも神と共にあることを」

世界人たれ

自分の国さえよけりゃ、人の国などどうなってもいいというような思想がある限り、とうてい世界の平和は望めないのである。（中略）かの明治大帝の御製《ぎょせい》にある有名な〝四方《よも》の海みな同胞《はらから》と思う世に、など波風の立ち騒ぐらむ〟すなわちこれである。みんなこの考えになれば、明日からでも世界平和は成り立つのである。全人類が右のような広い気持ちになったとしたら、世界中どの国も内輪《うちわ》同志というわけで、戦争など起こりようわけがないではないか。この理によって今日《こんにち》でも何々主義、何々思想などといって、その仲間のグループを作り、他を仇《かたき》のように思ったり、ヤレ国是《こくぜ》だとか、何国魂とか、何々国家主義だとか、神国などといって、一人よがりの思想が、その国を過《あやま》らせるのみか、世界平和の妨害ともなるのである。

（昭和二十六年十月三日）

✱現代人は、長い年月、唯物主観にこり固まってしまっています。だからこそ今、百八十度の転換が求められています。人類が何千、何万年もかけて溜めつづけてきた多くの罪悪という穢《けが》れは、新しい世界を建設する上では障害となるからです。穢れの多い私たち人間の所業を浄めることこそ、本当の救いの綱《つな》。それを認識させるのが神のご計画であり、それを実行するために私たちは愛という徳を高めていかなければなりません。

世界人となるためには、小乗的な考え方をやめて、大乗的な考え方になること。今の世界はこのような考え方を必要としています。どの宗教も、全人類を融和するものでなければならないのです。

どんな宗教であっても、すべての人々が仲間同士であり、みんなで手を取り合って、仲良く進まなければ、世界は混沌の一途をたどることになります。

世界で苦悩している人々を救うには、まず何よりも自分が万人を愛するという天国人になること。

つまり、人はだれしも必ず人を幸せにし、自分も幸せになる力を許されているのです。

それを成就させるには感謝しながら魂を磨くだけです。まず、自分の足元に天国を創る。

それは難しいことではありません。

なぜなら、天国とは足元に愛があり、愛深くなることだけでいいのです。

自分の立っているところ、行くところに喜びがあり、万人を愛せる心を持つことです。

心の奥深くから万人を愛せたら、そこは天国といえるでしょう。

早く、世界人となりましょう。

愛のしおり

神の愛の投影

光の朝　目醒めて、この地で生きる悦びを。
神の愛の香りが注がれて、いつも包まれて
いること、感謝を。

心に神を憶《おぼ》え、その御言葉《みことば》を
信ずるものに。
さらに、信じ具現するものに。
自らが現れず、神の愛が顕《あらわ》れることを。
もし、重荷を背負ったとき、その時こそ
神は共に歩んで下さる方。
――一つ忘れてはならないこと――
いのち許されて生あるとは
この身を以て神を称え
賛美し、永遠《とわ》に従う。

いつも悦び、完全なものとなるために
福音を宣べるものに
　神に栄光を

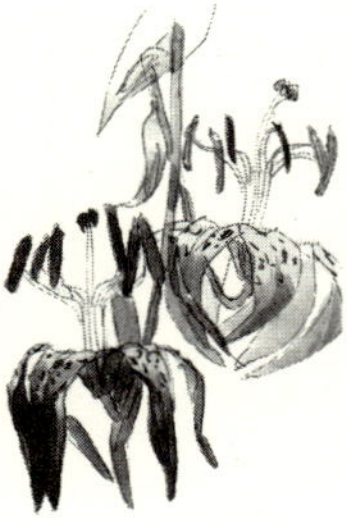

花による天国化運動

地上天国建設というその地上天国とはいかなるものであろうか。いうまでもなく真善美が完全に行われる世界である。（中略）人心《じんしん》を美によって向上さすことも緊要《きんよう》である。（中略）美の普遍化《ふへんか》に好適《こうてき》である花卉《かき》の栽培《さいばい》とその配分《はいぶん》である。（中略）

人間のいるところ必ず花ありというような社会になれば、現在の地獄的様相《じごくてきようそう》を相当緩和《そうとうかんわ》する力となろう。

（昭和二十四年五月八日）

✲社会が高度に文明化するほど、すべてのものが美しくなるのが本当の姿です。文化の進歩とは、一面では美の進歩でもあるのです。

真善美を中心に生活を整え、室内については、塵ひとつなく掃き浄め、片づけて、調度、器物などもきちんと置きましょう。

いつも整理整頓を心がけ、清潔にしておけば、家族はもちろん、来客があっても気持ちよく応対できます。環境が美しくなれば、人の心も美しくなりますから、犯罪やいまわしいことも減ります。

そして、どんなに小さな空き地であっても、花を植える心が大切です。それが自然を愛する心へと繋がるのです。

美しいものに対する思いを深くすることは、愛を実践する修行の一つです。

人はだれしも感じのいい人に接すると気分が爽快になります。環境についてもおなじことで、清潔で、きっちり整理整頓された環境の中では、心地よい生活ができます。

衣食住の環境整備は、精神的な天国を築くためになくてならないもの。

愛の心をもって現在の地獄的様相を緩和する御力《みちから》を許されましょう。

愛のしおり

小さい道

美しい花を見ていると、神を称える
姿のように映る。
この地に在るもの全てが神心を秘め
使われる。
まして、人として生あることは、神を称え、
永遠《とわ》の生命を悟るもの。

小さきをもって、幼子のごとく
聖ある眼《まなざし》で神を仰ぐ。
みな、神の賜物を持し、神の愛を
拡げる翼《つばさ》を拡げる。
もし、不正義の為、神を怖れたら、

心は苦しく、辛く、淋しさの渦《うず》……。
けれどこの時、気づきを許され、
神との隔《へだ》たりは短く、更に
導かれ、神の御前《みまえ》に涙する。

いつも神の愛はあり
より　愛される

永遠《とわ》に人は神の子

これも慢心

なによりもあの人は善人だとか、悪だとかいうのは、すでに慢心である。何《なん》となれば人間の善悪は神様でなくては判《わか》らないはずで、以前も書いたことがあったが、大いに慎《つつし》まなくてはならない。もし間違ったり、悪人であれば、神様がチャンとお裁きになられるから少しも心配はないのである。（中略）人の善悪を批判する前に、まず自分の腹の中の善悪を見ることである。（中略）なによりも社会否《いな》世界を相手として、考えるべきである。

（昭和二十六年九月十二日）

＊人は心配や取越苦労をしますが、それも神の御手《みて》の中と思えず常に不安の心境です。
そして、心配が高じて、人を裁くことも改革心が芽生えることもあります。
それは誠《まこと》から出ていて、間違いとは一言には決められなく、しかし、考慮を要すること
です。
それは、神からの判断です。
つい人間心が先立ち、神の領域を侵してしまうこともあるのです。
それを慢心といいます。

愛のしおり

神の想い……
それは……

矢はすでに弦《つる》を離れ、

神はその方向を定められる。
万民の魂に光を射る。
それは救いの為。
全て俯瞰《ふかん》し、静観《せいかん》される神の心は、
唯　愛するのみ。
神を識る者は歓喜し、神識らぬ者は迷う。
更に、救いの光を掲げ、信仰の道を歩みながら心の弛《ゆる》む者を
神はより深く嘆くこと。
時に許されて、
素晴らしい愛の光の中で是正され、
神を賛美し、神の声に耳を傾け、涙し、
他の為に多く成すことの　このいのち得られて……
これを奇蹟という。

道理に従う

信仰の妙諦《みょうたい》は、一言にしていえば、道理に従うことである。道理とは、道という字と理という字である。特に道という字ほど意義深いものはない。（中略）

道とは一切に通じることである。（中略）道とは一切の根本《こんぽん》である。とすれば道に外《はず》れるということは、いかに間違っているかが判《わか》るであろう。（中略）

このように大きくして意義深い文字であるから、人間はこれに従わなければならないのである。故《ゆえ》に道理は神であるといってもいい。道理に従うということは神に従うことである。

（昭和二十五年十一月二十日）

＊道理に従うということは神に従うということ。

道理とは道と理であって、道とは一切に通じることであり、理の意味は万有の基本的な働き、即ち完全という意味であることを学びます。

常日頃、生活のすべてにおいて、道理に従う、即ち神に従う生き方ができるよう努めることが許されれば、本当に素晴らしいのです。

私達は道に外れることなく、道理を重んじ正しく信仰を守ることが大切といえましょう。

愛のしおり

真実の信仰の歩み

もし神の息吹を感じたら、
喜びと希望をもたらす神の意志を察知する。
けれども愛と秩序の中で
実りある信仰を願われた神の矢はすでに放たれ、

人類の上に悲喜交々《こもごも》の様相を示される。
もっと早く、もっと深く気づきを得ていたら、
神の愛は吾が胸に問いかけていた事を識る。
小さな眼《まなこ》の身を恥じ、光の道からそれぬよう、
神との関わりの中にしか幸せのない事を
心に刻むとき。

正義感

正義感の不足の根本《こんぽん》はなにかというと、すなわち眼には見えないが、霊の世界というものが立派に存在しているのである。そうしてその霊界には神の律法というものがあって、人間の法律とは違い厳正公平《げんせいこうへい》、いささかの依怙《えこ》もなく人間の行為を裁いているのである。ところが情ないかな人間にはそれが分からないためと、また聞いても信じられないためとで、不知不識《しらずしらず》不幸の原因をみずから作っているのである。（中略）

以上の理によって、正義感を基本としなければ幸福を捕《つか》まえることは絶対できない、というわけで悪ほど損なものはないのである。

（昭和二十八年十二月二十三日）

＊現在、世の中を観ると、大半は正義などはほとんどなく、悲しく思います。それは、無神思想をもって文化人の資格とさえ思っている傾向があるのです。正義そのものが神であり、悪そのものが悪魔であり、神は幸福を好み、悪魔は不幸を生みます。正義感を基本としなければ幸福はつかめないのです。

その正義も利己本位ではなく、世界を大きく踏まえた正義でなければ争いが生じます。不正をいましめたり、正義感で立ち向かうとき、思わぬ誤解を受けたり、敬遠されたりすることもよくありますが、自らを守るためではなく、御心《みこころ》に添ったことであれば必然の行為もあるのです。

従って神に謙虚にして、正義を貫く道が大切といえましょう。

愛のしおり

真の救い

神の光　神の愛　神は正

いずれも神を象徴とする　光、　愛、　正。
神と相《あい》対するとき、人はいのちの尊さを知り、
生きる指標を得られる。
信仰者は人間界にあって
一番の至難の唯心観を拡げる神業の使徒であることを自負する。
真の救いとは
人類の上に巨いなるものの存在あるを識り、
更に自己は無く、
神在りの霊性をもって許される
唯一の救いであること。
個人の生きるこの道に、神の愛を重ね、
世の光となる心の陶冶に万人を誘いきれるか……
心深く問う。

神秘の扉は開かれたり

人間の三大苦である病貧争の原因が、悪から発生したとすれば、悪の追放によって病貧争絶無《ぜつむ》の世界が生まれるのはあえて不思議ではない。

そうして右の三大苦の中に主たるものは、勿論人間の病苦である以上、病患《びょうかん》の根源といえども明らかとなるのは当然で、ここに病《やまい》無き世界が実現するのである。

（昭和二十五年一月三十日）

✲幸福な道を進むためには、心が天国でなければならず、心の天国とは、心に苦悩がない状態のこと。

世の中は思うようにならないものですが、そのために煩悶《はんもん》するのは地獄です。その地獄から脱却することが、天国に入ることなのです。

心の中に地獄をつくらないことです。

すべてのものごとには、自然に進むべき道があり、道に外れるときは無理が生じて苦悩になってしまい、かならず何か支障が起きます。

道にかなっているときには、停滞も破綻もなく、新たな創造の道が拓けてくる。これはまさに電車が軌道を外れなければ進行し、外れると脱線して事故を起こすのとおなじです。

滅ぶものには滅ぶ理由があり、生まれるには生まれるべき理由があります。

人間にとって必要なものであれば発展し、不必要であれば淘汰《とうた》されるでしょう。

だから、ある程度は自然にまかせるほうがいいのです。

至難なことですが、ピラミッドの頂点に立ったように、高い所から全体を俯瞰することができたら、一切の誤りも人間のあり方も判然と見通せることでしょう。

即ち神の位置にして許されることでしょう。
ですから、神秘なこととして、起きる全てを神に委ねる信仰が必要なのです。

愛のしおり

使命

物を識ることの難しさ。
神を識ることの至難。
光は用意され、
神秘の扉は開かれ、
一切が明々白々となる。
素晴らしい世紀を生き、
永遠《とわ》に信じられる神の愛、
永遠《とわ》に許される霊性を吾がものにするとき。
愛の光がみなぎり、

神の恵みが注がれる。
その時、自身の道の是非を心に問う。
早く早く、神との繫がりを深くし、
身魂に輝きを許されるよう。
神の愛の真実に目覚め、
自らを悲しく、苦しくしない為、
いつも浄めの光を信じられる者に。

最後の審判とは何か

最後の審判についてこれから書いてみるが、その根本《こんぽん》としてはいうまでもなく世界的大清算であって、長い間溜《たま》りに溜ったところの罪穢《つみけが》れの浄化作用《じょうかさよう》である。（中略）根本《こんぽん》は、善と悪との立て別けであって、善人は無罪となり、悪人は有罪者となるわけで、決定的審判が行われるのである。したがって現在地上にある人間ことごとくは、裁きの前の動物に等《ひと》しき運命に置かれているのだから大問題である。

（昭和二十八年六月十七日）

＊最後の審判とは悪は永遠に滅ぶ、ということでしょう。
唯物主義の生き方が早く改まり、神を認める唯心思想を生きる価値としなければいけないときでもあると思います。

正しい信仰によって魂を浄め、無事に大峠を乗り越さなければ、神は悲しむことでしょう。

神の大愛は、一人でも多くを救いたいとの思いから、警告して下さっている現象が見えているのです。

新約聖書にある、ヨハネの水の洗霊によるノアの方舟のように、この二十一世紀の洗霊を深く受けとめなければなりません。審判とは神の深い愛のゆえ、罪深い人類に警告されているのです。

何も怖れることはなく、心の中のかげりを捨て、神を忘れた無知を詫びることなのです。

自らの心に問いかけながら
神に叶うことでありますように。

愛のしおり

いのち……

神の愛

洗われて、洗われて浄められ、
水は溢《あふ》れ、木々は倒れ大地は嘆く。
これ全て神の御心《みこころ》であり、福音としての神の御業《みわざ》。
大乗の愛を胸に光を掲げ、
万人を救う　と説かれたお言葉を吾道に重ねる。
けれど地に生きる人の悲しみ、
人の涙に応えられる神の愛を取次ぎかねる無力を思う。
二十一世紀の御経綸《ごけいりん》を想えば、今　瞬間、心を澄まし、
神の声を聴き取る時。
この　いのち……人類愛、世界愛に還ること。

順序

近来社会全般の順序の乱れははなはだしい。また順序と礼儀にはは切っても切れない関係にあるものでこの点特に注意すべきと思う。大自然を観《み》ても判《わか》るように、春夏秋冬もその日その日の明暗も、草木の生育等一つとして順序に添わぬものはない。梅の花より桜の花の方が先に咲くということは決してない。

（昭和二十四年八月三十日）

✿神は順序なり、という言葉があります。

森羅万象の動き一つ一つにも順序正しきことがうかがえます。

社会全般の順序の乱れは家庭環境、学校崩壊にも波及しているのです。

親と子、夫と妻の順序と礼節、父権の希薄。何か大切なものが失われ、乱れてゆくことに危惧を感じないわけにはゆきません。

いつのときも、利己本意ではなく、和を中心にしてゆくところに道が拓けます。

四季折々にも順序があり、花にも木にも順序の乱れはありません。自然の成りゆきすべて、神の御意志《みいし》の現れなのです。

互いに譲り合い、補い合って順序正しきがうかがえます。人の世の順序の乱れは争いを生み、結果、神に反くのです。

生きる価値が本当に大切なのは神が在る、ということからの順序礼節なのです。

愛のしおり

神からの呼びかけ

人はわからないのです。
ときに
神に祈りながら自我を出すのではなく、
神の御心《みこころ》に添うことの生きる価値
大乗の難しさは
神の道を歩んでいるという錯覚のゆえに、
実は小乗の行為を成す
ときに
神は在り
澄みわたる光の中で呼吸し生きることさえ
自己のため……
さあ、神からの呼びかけに心目覚め
いのちそのものに還るとき

善と悪

世の中は善悪入り乱れ、種々の様相《ようそう》を表している。（中略）
普通の人間であれば善人たることを冀《こいねが》い、悪人たることを嫌《きら》うのは当たり前であり、政府も、社会も、家庭も、一部の人を除いては善を愛好することは当然であって、平和も幸福も悪では生まれないことを知るからである。（中略）
いま人間が善を行う場合、その意念は愛からであり、慈悲《じひ》からであり、社会正義からでもあり、大きくみれば人類愛からでもある。（中略）他人の利便幸福を願い、親切を施《ほどこ》し、自己の天職に忠実であり、信仰者が神仏に感謝し報恩《ほうおん》の行為も、神仏の御心に叶うべく努めることも、悉善《みな》の表れである。

（昭和二十三年九月五日）

＊神の意志とは絶対愛と慈悲そのもの。

見えざるものを信じる善と、見えざるものは信じない悪、即ち唯物主義者には善人はなく、識らず識らず善を偽ってしまうことでしょう。

善を行う道、悪を行う道、ともに神は見ておられるのです。

善を推められる神の姿は人に映らず、無神のゆえの悪の行為は自ら下降の道を否めない。

善があるから悪があり、悪があって善があり、悪は一時《いっとき》栄えても結果的には必ず破綻し、善に於いては一時苦しく理解されないことも、きっと栄えるという不思議な天則を感じます。

神が見ておられる、という一番確かな御手《みて》の中で、善そして悪がより分けられることでしょう。

早く目覚め、悪からの脱却をし、いつも心やすらかにいることを。

愛のしおり

神意の具現

急げ急げと早い回転で救いが拡がる。
人間の思考の中での想像を遙かに越えた
神の愛の型を二十一世紀に垣間観る。
一切は神の御手《みて》の中であり、
高い理想に向かう神意の具現を思う。
唯物即ち神を認めない人間界に鋭くメスが入り、
いやでも正される。
光はより輝いているのに、
木陰で一人たたずみ、光をよける。
心が神に通うことの難しさは衆知の通り、
自我による。

常に争い霊性は下降する。
神の恵みで木々の緑が紅葉するように、
人も神の愛で変われること。
神の光に浴す為、
無神の心の鍵をはずすこと。

自分の悪に勝て

およそいかなる人間でも、腹の中ではいつも善と悪と戦っている。つまり仏教でいう煩悩《ぼんのう》を抑《おさ》えつけようとする戦いである。（中略）そんなことをしてはいけない、気をつけろ、もしやったら酷《ひど》い目に遭《あ》わしてやるぞといって善玉が押えつける。また善玉は人を喜ばせろ、他人様がみんな幸福になるようにしろ、といってどこまでも善悪が戦って闘って戦いぬいているのが万物《ばんぶつ》の霊長様《れいちょうさま》のあるがままの姿だ。

このようなわけであるから、悪が勝てば罪を犯《おか》し不幸を生み、善が勝てば幸福を生むのは、まさに判然《はんぜん》としているんだから訳はないようだが、人間はそれが判《わか》っていて、実行ができない。

（昭和二十六年六月二十日）

＊いつも心の中で、人は善と悪と戦っています。

当然、善が勝てば幸福となり、逆に悪が勝てば不幸になるのはわかっているのです。しかし、人間の欲にはキリが無く、負けてはいけないと思いつつ、実行することの難かしさがあります。

特に無信仰者ほど然《しか》りでしょう。神から与えられた命にどんな使命が宿ることか。利他の為に生きる、善行をする。全て神の願いなのでしょう。

しかし、これは目的ではなく手段なのです。唯一大切なことは神が在る、ということに於いて、全てを捧げられる命であることなのです。

自らの悪に勝てるのは、神に照らしているからであり、神に捧げる自らであることを納得しているから、と思います。

根本的悪を征服する力、即ち神との真向いの力を強くし、常に神に照らしての心で、自らの悪に勝てる信仰を。

愛のしおり

神の光
神の恵み

神の愛が光となり、
神から許されて叡智《えいち》となる。
生きる全てで善悪、是非を示される高い権能《けんのう》は、
なかなか人の身に伝わらず迷いの道に陥る。
神を識る者に於て、神心に添える心にして、
魂は生きる価値を得、惑わず焦ること無く、
怖れない。
人は幸せに、そして輝くことであり、
万人を愛される神はそう願う。
しかし神の光を見失うことの悲しさに気づかない。

神に生かされるのではなく自分が生きる。
真の智慧とは神の願いを行使出来た時に光となり、
多くの救いを生む。
きっと神を認める者にして、
自《おの》ずから智慧ある光を飛翔する。

程とは

たった一字の意味であるが、何とすばらしい力ではないかと思う。（中略）例《たと》えていえばやり方が足《た》りないとか、やりすぎるとかいうことや、右に偏《かたよ》ったり、左に偏ったりする思想、金があると威張り、ないと萎《しな》びたりするというように、どうも片寄りたがる、多くの場合、それが失敗の原因になるようだ。（中略）昔から程々にせよとか、程がいいとか、程を守れという言葉もそれであって、つまり分相応《ぶんそうおう》の意味でもある。（中略）

人間は第一に程を守ることで、程さえ守っていれば、すべてはスラスラとうまく行くに決っている。

（昭和二十六年八月八日）

＊程という文字ほど感銘に値するものはなく、素晴らしい力。

この字を標準にして世の中をみると、やり方が足りないとか、やりすぎるとか、実に中庸をゆくことの難しさが、日々の中に見られます。謙虚に自分を顧みたとき、いかに自己本位で事を処してきたか深く気づかされます。

程を守ることの難しさは、気づかずに左に寄り右に寄り、渦中にある間は何も見えず、つい自我を出しているのです。人は悩んだり悲しんだりする時、意外と解決の鍵は足元にあります。

余裕を持って程ほどにと思えるのは全て神の御手《みて》の中と思えるときなのです。

信仰的にも、神を中心に思考することが出来れば、自らに価値は無く、全てを委ね、程を守って歩むことでしょう。

愛のしおり

神の賜物

神に委ね、捧げて使命に生きる
それは神の命であり、
許された賜物の自覚によって
人は御心《みこころ》に添うことが出来る
いつか……
神の示唆により吾を空しくすることも
賜物なれば、否むことはなく、
委ね捧げる信仰にかげりは無い。
いつか……
御言葉《みことば》を耳にして御心《みこころ》を尋ねたら、
地の塩、世の光となるよう
きっと愛を示される。
神に心からの感謝を

神は正なり

私が常《つね》にいう通り、正しい信仰とは大乗的《だいじょう》で、自由主義的であるから、信仰の持続も離脱も自由であるとともに、天国的で明朗快活である。（中略）正しい信仰は何《なん》ら秘密がなく明朗そのものである。

（昭和二十五年三月十八日）

✱神は正であり愛なのです。

生きる上で人は慢心や、心にスキが出来、罪を犯すこともあるのです。

綱渡りをしているような、危ないこともあるでしょう。

しかし、度ごとに自己愛の有無を標準に照らし、自らの利害でなく、神の為、人類の為に進むことの確かさを心に銘記することなのです。

心の中にいつもかげりが無く、いつも神の御手足になりたいと、生きてさえ、悲しく辛い周囲の冷たさに耐えるとき、神は正であることのなんと大きな救いの光に包まれることでしょう。

神は正なのです。

悪の行為を成さず、自らが正であれば、いつも心は輝き、何ら利害が無く、明朗そのもの。なんと日々が素晴らしいことでしょう。

愛のしおり

光の種を蒔く

神は愛なり
心に平和と安らぎを約束される神は
いつも見ておられて、導かれる。

神は正なり
心に正義と善行の種を蒔かれた神は
いつも見ておられて、導かれた。
ときに……信徒は神を忘れ、涙を流し、
傍《かたわ》らの光に気づくことをしない。
失うことを恐れ、心を閉ざし、神の御業《みわざ》に嘆き悲しむ。

光の中

さあ、神を称える時がきて、
空を仰ぎ、あの輝く光を吾がものに。
喜び勇んで賛美の許される神の御元《みもと》に集うとき。
救いの光が舞うように、
今、幼き小さきものとなって、
神の栄光と福音を万民に……

主観と客観

主観に捉わるることは、最も危険である。というのは自己の抱《いだ》いている考え方が本当と思って自説を固執《こしつ》するとともにその尺度で他人を計ろうとする。それがため物事がスムーズにいかない。人を苦しめるばかりでなく自分も苦しむ。

右の理によって、人間は絶えず自分から放れて自分をみる。すなわち、第二の自分を作って、第一の自分を常《つね》に批判する。そうすればまずまず間違いは起こらないのである。

（昭和二十五年三月十八日）

＊人はとかく主観に捉われがちです。主観に捉われ、自説を固執すると人を苦しめるばかりでなく、自分も苦しむことになります。

狭い視界では自分のことしか見えません。新しい自分を許される努力を成し、広く自分を見る目を養うことは大切なこと。

ですから、絶えず第二の自分を作り、自らを客観視して、自分を常に抑制しなければいけないのでしょう。

神の御手《みて》の中で第二の誕生が許されますように。

愛のしおり

神にあって一つ

異端と見えるものすべては
神のもの

争わず、使われているいのち、
赦《ゆる》し合うことを学ぶ
美《うるわ》しい光の道を歩むため
神の御業《みわざ》に委ねることのみ。
行く先はいつか拓《ひら》かれ
互いに心を重ねる。

御神意を覚れ

人間というものは神様の御目的たる理想世界を造る役目で生まれたものである以上、その御目的に叶うようにすれば、いつも無病《むびょう》息災《そくさい》愉快に働ける。これが不滅の真理である。(中略)それ以外あらゆる災いも同様であって、すべては浄化作用である。

(中略)

信仰の浅い人はつい迷いが起こるが、このときが肝腎《かんじん》である。この理はなにかというと、神様はその人の熱心に対して、早くご利益《りやく》を下されようとするが、まだ汚れがあるから浄《きよ》めねばならないので、入れ物の掃除としての浄化である。その場合少しも迷わず辛抱さえすれば、それが済むや思いもかけないほどの結構なお蔭を頂けるものである。

(昭和二十八年十二月二日)

✱洗われて、洗われて、神の立法は絶対なのです。

そして、そののち聖なる心を最大の価値とする感性が広がるとき、愛が息づきます。

春を呼ぶ太陽が輝くとき木々が芽吹き、花が目覚めるとき、神は愛と命を私たち生きているものに与え、生きる喜びを気づかせてくれます。

その命の輝きが、生きる夢や秘訣を授けてくれるとき、神との心の繋がりを感知し、許す心、愛する心が芽生えてくるのです。

神は、その力を十分に与えるのです。

神の大いなる慈《いつく》しみと愛が、人間の上に注がれるとき、その愛を心で覚り、その愛を形に表したとき、真の信仰を許され、その愛はまた、私たちの徳を高めてくれます。肉体にはさまざまな限界がありますが、精神には限界というものがありません。

どこまでも成長し続けることができるのです。

この地球を、素晴らしい光で輝かせることができるのは、地上のあらゆる命なのです。

この地球を、愛すべき生命体ととらえ、たがいに調和し、助け合い、愛し合うことが出来れば、地上に天国を作ることが出来るのです。

そして、救いの道を歩むことがきっと許されることでしょう。
素晴らしいいのちの輝きとともに。

愛のしおり

神からの呼びかけ

人はわからないのです
ときに
神は祈りながら自我を出すのではなく、
神の御心《みこころ》に添うことの生きる価値

大乗の難しさは
神の道を歩んでいるという錯覚のゆえに、
実は小乗の行為を成す

ときに
神は在り
澄みわたる光の中で呼吸し生きることさえ
自己のため……

さあ、神からの呼びかけに心目覚め
いのちそのものに還るとき

終章

愛の祈り

生命は神のもの
永遠《とわ》にあるもの
いのちの輝きは　利他を想うとき
信仰は個人であり
神との真向かいの喜びを
この地に生きて　神に用いられること

神は厳しいのではなく
愛の神
いつも
愛の祈りを許されること

この世の全てが、人が、愛をもって輝きますように。

あとがき

岡田茂吉師の思想と共に、神の愛を、キリスト神学もまだまだ未熟な私が、どこまでお伝え出来ましたでしょうか。

至らない私の文脈の奥に、どれだけ神を称える道、生きる価値観を現すことが許されたでしょう。

人はこの世に生き、素晴らしい出会いを通じて目覚め、勇気をいただけるものです。

この著の依頼を受け、改めて師の思想を深く学ばせていただける機会を許され、感謝でございました。深く御礼申し上げます。

今、悩み苦しむ多くの方々が、「神が在ること」「神の愛を識ること」を心の糧に許され救われること。そして、神のみ手の中で「幸せ」になること。

これが、心からの私の願いでございました。

新めて、岡田茂吉思想に関わる皆様の多大な御尽力で、師の教学を正しく示唆していただけましたこと、心より感謝申し上げます。

最後に、常に私を支え、私と共に歩んで下さいます多くのボランティアの皆様に、心より感謝するものでございます。

悲しみ苦しみの中にいる世界の方々の為、この本の印税は全て日本赤十字社を通し、救済にあてられます。

一条の光になることを願っております。

中原儀子

『愛は命の原動力』の引用論文・出典リスト

1　幸福　〔宗教下〕
2　私というもの　〔宗教下〕
3　大乗愛　〔宗教下〕
4　幸福の秘訣　〔宗教下〕
5　天国予言の具体化　〔宗教上〕
6　神に愛される　〔宗教下〕
7　人間は想念次第　〔宗教下〕
8　優しさと奥床しさ　〔宗教下〕
9　智慧の光　〔宗教下〕
10　誠の有る無し　〔宗教下〕
11　常識　〔宗教下〕
12　信仰の醍醐味　〔宗教下〕
13　怒る勿れ　〔宗教下〕
14　植物は生きている　〔芸術〕
15　新人たれ　〔宗教下〕
16　感じの良い人　〔宗教下〕
17　下座の行　〔宗教下〕
18　悲劇を滅する　〔宗教上〕
19　宗教は奇蹟なり　〔宗教上〕
20　我を去れ　〔宗教下〕
21　大乗たれ　〔宗教下〕
22　信仰は信用なり　〔宗教下〕
23　運命は自由に作られる〔宗教下〕
24　お任せする　〔宗教下〕
25　行き詰まり　〔宗教下〕
26　我と執着　〔宗教下〕
27　真の強者　〔宗教下〕
28　裁く勿れ　〔宗教下〕
29　調和の理論　〔宗教下〕
30　世界人たれ　〔宗教下〕
31　花による天国化運動　〔芸術〕
32　これも慢心　〔宗教下〕
33　道理に従う　〔宗教下〕
34　正義感　〔宗教下〕
35　神秘の扉は開かれたり〔宗教下〕
36　最後の審判とは何か〔宗教上〕
37　順序　〔宗教下〕
38　善と悪　〔宗教下〕
39　自分の悪に勝て　〔宗教下〕
40　程とは　〔宗教下〕
41　神は正なり　〔宗教下〕
42　主観と客観　〔宗教下〕
43　御神意を覚れ　〔宗教下〕

引用文献

『天国の礎』
宗教上　平成18年5月1日　第1版第6刷　4 論文
宗教下　平成17年9月17日　第1版第6刷　37論文
芸　術　平成18年5月1日　第2版第2刷　2 論文
編集発行　世界救世教いづのめ教団

計43論文

愛は命の原動力

2006年10月10日　初版発行

著　者　中原儀子
発行者　真船美保子
発行所　KKロングセラーズ
東京都新宿区高田馬場2-1-2　〒169-0075
電話（03）3204-5161(代)　振替 00120-7-145737
印　刷　太陽印刷工業(株)
製　本　(株)難波製本

落丁・乱丁はお取替えいたします。

ISBN4-8454-2088-0　C0070
Printed In Japan 2006